Carl von Strengschwerd

Die Übergabe der Festung Mannheim an den Reichsfeind

Rechtliches Gutachten

Carl von Strengschwerd

Die Übergabe der Festung Mannheim an den Reichsfeind
Rechtliches Gutachten

ISBN/EAN: 9783743370470

Hergestellt in Europa, USA, Kanada, Australien, Japan

Cover: Foto ©ninafisch / pixelio.de

Manufactured and distributed by brebook publishing software (www.brebook.com)

Carl von Strengschwerd

Die Übergabe der Festung Mannheim an den Reichsfeind

Rechtliches Gutachten

die

Uebergabe der Festung Mannheim

an

den Reichsfeind

betreffend.

Den

Göttingenschen Professoren

Herrn Geheimenjustitzrath Pütter

und

Herrn Hofrath von Martens,

zu öffentlicher Prüfung gewidmet

von

Karl, Grafen von Strengschwerd.

Regensburg den 21 October 1795.

Inhalt.

1.

Kapitulation, wodurch die Festung Mannheim in den Besitz des Reichsfeinds gekommen ist. . . . Seite 5

2.

Beurtheilung dieser Kapitulation. . 15

3.

Verzeichnis der Kriegsvorräthe, welche die Franzosen in Mannheim gefunden haben. 32

4.

Erklärung, welche die Kurpfalzbaierische Komitialgesandschaft in Circulo bey dem Reichsrathe, den 26. Sept. 1795 wegen der Uebergabe von Mannheim abgegeben hat. 54

5.

Beurtheilung dieser Erklärung . *Seite* 36

6.

Gegenerklärung der Königlichen Kurböhmischen Komitialgesandschaft in Circulo bey dem Reichsrathe den 12. Oct. 1795.   45

7.

Bemerkungen über diese Gegenerklärung.   49

8.

Auszug aus dem officiellen Tagebuche der Operationen der Armee, unter den Befehlen des Herrn Grafen von Clairfait. 55

9.

Rechtliches Gutachten die Uebergabe von Mannheim betreffend.   .   .   59

Kapitulation vom 20. September 1795, wodurch die Festung Mannheim in den Besitz des Reichsfeinds gekommen ist.

(*Nach einem den Französischen öffentlichen Blättern eingerückten Berichte.*)

Paris den 28. September.

Am 25 September wurden dem Nationalkonvente der Bericht wegen der Eroberung Mannheims und die Kapitulation, wodurch sie bewirkt ist, vorgelegt. Diese Kapitulation ist zwischen dem Kurpfälzischen Staatsminister Grafen von Oberndorf, dem Gouverneur Baron von Belderbusch, und dem Festungskommandanten Duroi an einem, und dem Oberbefehlshaber der Französischen Armee am Rhein und an der Mosel, Pichegrü am andern Theile geschlossen, und ist folgenden Inhalts:

Artikel I. Die Festung Mannheim öffnet ihre Thore den Truppen der Französischen Repub-

lik, morgen frühe um
zehn Uhr. Die Brükke
wird auf der Stelle wieder hergestellt, und alle
äussere Posten und Aussenwerke werden den
Französischen Truppen
zur Bewachung übergeben.

Antwort. Die Zeit
von zehn Stunden ist zu
kurz: die äussere Werke
werden erst heute um
vier Uhr den Französischen Truppen zum besezzen übergeben, mit
der Bemerkung, dafs die
Französischen Truppen
für die Wiederherstellung
der Brükke zu sorgen haben, zu welchem Ende
man alle Pontons, die
bey dem Eingange nicht
gelitten haben, abgeben
wird.

Artikel 2. Es sollen von beyden Seiten Commissaire ernannt werden, um die Beschaffenheit der Arsenäle und den Kriegsvorrath der Festung aufzuschreiben, die in dem nemlichen Zustande nach dem allgemeinen und endlichen Frieden zurück gegeben werden soll.

Antwort. Einverstanden, mit der Einschränkung, dass die Magazine der Lebensmittel und Fourage, der Geräthschaften und anderer militairischer Effekten, so wie auch die Magazine, die sich in den benachbarten Orten befinden, und Sr. Kurfürstlichen Durchlaucht gehören, gleichfalls in diesem

Artikel begriffen sind; man verläst sich in diesem Punkte auf die Rechtschaffenheit der Französischen Nation.

Artikel 3. Es soll allen Magistratspersonen und Beamten Sr. Kurfürstlichen Durchlaucht, so wie dem Herzoge von Zweibrüken und den in Civildiensten bei ihm stehenden Personen freystehen, in der Stadt zu bleiben, oder abzuziehen, wie es ihnen gut dünkt.

Antwort. Zugestanden.

Artikel 4. Die gegenwärtige Garnison zieht vier und zwanzig Stunden nach dem Datum dieser Kapitulation mit Waffen, Gepäcken und Kriegsehren aus, um sich dahin zu begeben, wohin sie will. Diejenige pfälzische Soldaten, welche ihre Chefs nach dem linken Rheinufer beurlauben wollen, erhalten Pässe von dem französischen Generalstaabe.

den 20 September 1795.

Antwort. Die gegenwärtige Garnison zieht vier und zwanzig Stunden nach dem Datum dieser Kapitulation ab, und begiebt sich in die Kurfürstlichen Lande. Man ersucht indessen zu bewilligen, 1) dass jedes Bataillon zwey Sechspfünder mitnehmen dürfe, 2) dass

den Kranken, die nicht
mit der Garnison abziehen
hönnen, erlaubt
werde zu bleiben, und
dass sie in den Kurfürstlichen
Spitälern verpflegt
werden, von den Vorgefetzten,
die man daselbst
lassen wird. Es sollen
die nöthigen Wägen zum
Transport des Gepäcks
der Offiziere angeschaft
werden; und im Fall,
dass nicht eine hinlängliche
Zahl von Wägen
angeschaft werden könnte,
sollen die zurückgelassenen
Effekten nach
und nach mit Bequemlichkeit
transportirt werden,
zu welchem Ende
von jedem Corps ein
Kriegsagent zurückbleiben
soll, um dafür zu
sorgen.

Zusatzartikel.

1) Die pfälzischen Truppen, die sich im Lande befinden, sind gleichfalls in gegenwärtiger Kapitulation begriffen, und sollen von den französischen Truppen nicht feindlich behandelt und nicht zu Kriegsgefangenen gemacht werden können.

Antwort. Zugestanden, mit der Bedingung, dass sie unter keinerley Umständen dem Marsche der französischen Truppen ein Hinderniss in den Weg legen, sondern sich überall zurückziehen, so wie die französischen Truppen anrücken.

2) Die Pfalz, so wie die Herzogthümer Jülich

und Berg, die von den Franzosen besetzt sind, werden als neutral angesehen, und es kann ihnen aus diesem Grunde keine Kontribution, Requisition oder andere Last auferlegt werden: Eben so wird ihnen auch das Eigenthum aller Einzelnen verbürgt. In diesem Artikel sind alle Effekten und Güter, die Sr. Durchlaucht, dem Herzoge von Zweybrücken, und allen Personen von seinem Gefolge gehören, mit begriffen.

Antwort. Da dieser Artikel keinen unmittelbaren Bezug auf das Militärwesen hat, so habe ich hierüber keine Befugniss, und ich kann ihn nicht bekräftigen. Er wird den Konventskommissarien bey der Armee vorgelegt werden müssen. Es kommt weder dem General noch den Stellvertretern des Volks zu, für die von andern Armeen besetzten Lande etwas zu bewilligen, und die Neutralität kann nur für die von der Rhein- und der Moselarmee besetzten Lande verbürgt werden. Eben so kann auch nur von dem, was Sr. Durchlaucht, der Herzog von Zweybrücken an Gütern und Effekten auf dem rechten Rheinufer hat, die Rede seyn.

3) Die Magisträte und bürgerlichen Gewalten fahren in ihren Amts-

die Befehle des Oberbefehlshabers ist ihre erste Pflicht; Geschicklichkeit, Eifer, Thätigkeit in Ausführung dieser Befehle ihr grösstes Verdienst.

Diese Regeln gelten eben so sehr von Offizieren in offenem Felde, als von Festungskommandanten. Festungen machen den Schutz der operirenden Heere bald in der Fronte bald in den Flanken aus, und sogar wenn sie schon von den Heeren ihres Besitzers abgeschnitten sind, müssen sie noch den Feind aufhalten, sich deshalb bis zum letzten Lote Nahrung, und bis auf den letzten Blutstropfen vertheidigen, und dabey standhaft die Entsetzung durch ihre Mitbrüder abwarten.

Ein Festungskommandant hat also gar keine Befugnis, so lange er noch irgend Kommunication mit dem Oberbefehlshaber haben kann; eigenmächtig und wider die Befehle des Oberbefehlshabers über die Festung zu disponiren, und der Kommandant, der das dennoch thut, ist ein Verräther, oder ein Feiger, dem die Kugel vor den Kopf gehört.

In einem deutschen Reichskriege, wo die das Reichsheer ausmachenden Truppen, verschiedenen kleinen Souverains angehören, die im Friedensstande sämmtlich unabhängig über ihre Truppen befehlen, frägt es sich: ob ein Reichsstand seinem zur Reichsarmee gehörigem Truppenkontingente Befehle zu ertheilen befugt ist, und ob er über die in seinen Reichslanden belegenen Festungen, welche der Oberbefehlshaber des Reichskrieges zur Vertheidigung des Reichs bedarf, ohne Wissen und Genehmigung des Oberkriegsbefehlshabers verfügen kann? Beide Fragen müssen unbedenklich verneinet werden.

1. Ein teutscher Reichsstand kann über sein Truppenkontingent bey der Reichsarmee gar nicht verfügen, so lange der Reichskrieg dauert.

Er kann es von Zeit zu Zeit durch ein anderes Kontingent ersetzen; von dieser Bestimmung ist hier nicht die Rede.

Er hat aber gar keine Befugnis über die Stellung, Verwendung, und Thätigkeit seines Kontingents zu befehlen, so lange der Krieg dauert. Alle diese Anordnungen gebühren ausschlieslich und unbedingt (absolute) dem Oberkriegsbefehlshaber. Dies ist der Sinn unsers Satzes.

Der Grund dieser Regel liegt darinn, daß kein Krieg geführt werden kann, wenn ein anderer, als der einige Wille des Oberkriegsbefehlshabers über die zum Kriege bestimmten Truppen befehlen kann.

2. Ein teutscher Reichsstand kann so bald der Reichskrieg seinen Grenzen nahet, oder gar schon seine Lande überziehet, über die Festungen und festen Plätze auch Pässe, die in solchen mit Krieg bezogenen, oder nahe am Kriegsschauplatze belegenen Landen liegen, keine mit dem Oberkriegsbefehlshaber nicht verabredete Anordnungen machen.

3. Der Landesherr kann überhaupt, über die Vertheidigungsanstalten in seinem Lande, sobald der Krieg dergleichen erfordert, nie anders als abhängig vom Oberkriegsbefehlshaber verordnen.

Diese beyde Gesetze ergeben sich daraus, dass während eines Reichskrieges, jede Provinz, der sich der Krieg nähert, nicht blos sich, sondern das ganze Reich vertheidigen soll. Thäte sie das nicht, wollte sie ihre Vertheidigung auf ihre eigene Rettung einschrenken, und einseitig verrichten, so würde dadurch ein dem allgemeinen Interesse entgegen wirkendes, wenigstens ein mit ihm nicht gleichförmig wirkendes, mithin überall schädliches Particularinteresse entstehen, das nothwendig der Einheit der Plane und der Einheit der Ausführung, welche beyde im Kriege gleich unentbehrlich sind, schaden müsste.

4. Hieraus folgt weiter, dass auf dem ganzen Kriegsschauplatze der Befehl des Oberbefehlshabers des teutschen Reichskrieges, über den Befehl jedes Landesherrn, in alle dem was zur Reichsvertheidigung gehöret, gehen muss; dass also

5. Wenn Befehle des Landesherrn mit Befehlen des Oberreichsfeldherrn in Kollision kommen, lediglich die letztern entscheiden, weil der Oberbefehlshaber allein die höchste exekutive Kriegsgewalt und den höchsten Souverain von dem sie emaniret, unmittelbar representirt; weil er in der Kriegsführung die Souverainität des gesammten teutschen Reichs representiret, vor welcher alle Landeshoheitsrechte verschwinden, und welcher der Reichsfürst so sehr wie der ärmste Bauer unterworfen ist. Wer diese Grundsätze bezweifelt, der will Zwecke ohne Mittel; der will Krieg ohne Einheit der Operationsplane, ohne Einheit seiner Leitung; er will einen Staat der kein Staat ist; er will was Widersinniges.

6. So gar wenn ein Landesherr in seinem Widerspruche gegen den Oberreichsfeldherrn glauben sollte, dass der Gegenstand des Widerspruchs ausser den Kriegszwecken liege, muss er dennoch dem Oberfeldherrn unweigerlich gehorchen, und seine Beschwerde an den Souverain bringen, der diesem Oberfeldherrn den Oberbefehl anvertraut hat und dem allein der Oberfeldherr verantwortlich ist.

7. Der Oberreichsfeldherr ist unbedenklich befugt, jeden teutschen Einwohner, er sey wes Ranges er wolle, der seinen Befehlen zuwider handelt, selbst wenn er sich durch Befehle seines sonstigen Landesherrn entschuldigen wollte, vor ein Kriegsrecht zu ziehen, und da ohne Rücksicht auf landesherrliche, während eines Reichskrieges gänzlich suspendirte Befehle, nach Kriegsgesetzen strafen zu lassen.

Denn da während des Krieges der Wille des Oberreichsfeldherrn, auf dem Kriegsschauplatze der höchste ist, so muss er auch, um wirksam zu bleiben, gegen die Widersetzlichen Strafgewalt haben.

8. Was nun insonderheit Festungen betrifft, die zur Reichsvertheidigung gebraucht werden,

so passen vorstehende Grundsätze noch strenger auf sie, als auf andere reichsständische Besitzungen, weil auf sie die Vertheidigung des Reichs und die Leitung der Kriegsoperationen ganz vorzüglich beruhet.

9. Der Kommandant einer solchen Festung stehet während des Krieges lediglich unter dem Oberreichsfeldherrn, und ist nicht einst befugt seinem Landesherrn die ihm werdende Befehle dieses Oberfeldherrn mitzutheilen, sondern er muss lediglich dem Oberfeldherrn überlassen, ob und was dieser dem Landesherrn des Kommandanten von den Kriegsdispositionen wissend machen will. Diese Regel fliest daraus, dass der Reichskrieg nicht ein Krieg eines einzelnen Reichsstandes, sondern der des gesammten Reiches ist.

10. Der Kommandant, der diesem zuwider handelt, kann vom Reichsfeldherrn, ohne Anfrage beym Landesherrn des Kommandanten, und von diesem unabhängig militärisch gestraft werden.

11. Der Kommandant einer Festung die auf dem Schauplatze des Reichskrieges lieget, muss, sobald die Festung, die er kommandirt, zur Reichsvertheidigung nöthig ist, seine Bestätigung aus-

drücklich oder stillschweigend vom Oberbefehlshaber des Reichskrieges erhalten.

12. Gehört der Kommandant zum Kriegskontingente seines Landesherrn, so ist er so schon durch Befehl des Oberbefehlshabers Kommandant geworden.

13. Gehört er aber nicht zu seines Landesherrn Truppenkontingente, so ist er als ein überzähliges Kontingent anzusehen, das der Oberbefehlshaber während des Krieges, wie das gesetzlich schuldige behandelt.

14. Der Reichsstand, der solche Festung besitzt, hat keine Verbindlichkeit, selbige durch eigene Truppen zu vertheidigen, sondern er kann diese Vertheidigung dem Oberreichskriegsbefehlshaber überlassen.

15. Der Oberbefehlshaber des Reichskriegs hat keine Verpflichtung zu erlauben, dass eigene zum Kontingente nicht gehörige Truppen des Landesherrn einer Festung sie vertheidigen. Vielmehr müssen diese Truppen, sobald der Oberbefehlshaber des Reichskrieges es befiehlt, sich herausziehen, und denen Platz machen, denen der Oberbefehlshaber die Vertheidigung der Festung anvertrauen will.

16. Läst der Landesherr in seiner Festung Truppen die nicht zu seinem Kontingente gehören zurück, und der Oberbefehlshaber des Reichskrieges vertraut ihnen die Vertheidigung der Festung an, oder genehmigt die von ihrem Landesherrn geschehene Anvertrauung, so sind die ausserordentlichen Kosten, welche dem Landesherrn die Vertheidigung dieser Festung macht, ihm von seinen Mitständen *pro rata* zu vergüten, denn er trägt diese Kosten nicht in einem Privatinteresse seines Staats, sondern in einer allgemeinen deutschen Nationalangelegenheit. Er hat keinen Privatkrieg. Das Reich hat einen Nationalkrieg. Der Feind, der die Festung bedrohet, thut es als Nationalfeind.

Anwendung dieser Grundsätze auf die vorliegende Kapitulation von Mannheim.

I. Einmischung des kurpfälzischen Ministers Herrn Grafen von Oberndorf.

1. Der kurpfälzische Staatsminister, Herrn Graf von Oberndorf, der sich herausgenommen hat, sich in diese Kapitulation zu mischen, hat dazu

von Seiner Excellenz, dem Herrn Grafen von Clairfait, keine Autorisation gehabt; er hat es also unbefugter Weise gethan. Ein Befehl Seiner Durchlaucht des Herrn Kurfürsten von der Pfalz konnte ihn zu dieser Einmischung nicht berechtigen, denn Seine Durchlaucht hatten, da hier Mannheim gebraucht ward, dem Feinde den Uebergang über den Rhein zu erschweren; keine Disposition mehr über die Vertheidigung oder Uebergabe Mannheims. Diese hiengen wie alles, was zur Polizey von Mannheim gehörte, vom Herrn Grafen von Clairfait und von denen von ihm ernannten oder genehmigten Unterbefehlshabern ab; denn Mannheim war im Kriegsstande.

2. Der Gouverneur, Herr Baron von Belderbusch, und der Kommandant, Herr Duroi, hätten also gar keine Einmischung des Herrn von Oberndorf in diese Kriegsangelegenheit, die lediglich vor dem Herrn Grafen von Clairfait ressortirte, gestatten sollen.

3. Der Herr Graf von Oberndorf hat sich durch seine unbefugte Einmischung in diese Kriegsangelegenheit den Kriegsgesetzen unterworfen.

4. Eben dadurch dass er sich in einer im Kriegsstande befindlichen Festung aufhielt, war

er schon den Kriegsgesetzen, wie jeder andere Bewohner der Festung, unterworfen.

5. Als unter die Kriegsgesetze gehörig, stand er unter den Befehlen der Herrn von Belderbusch und Duroi.

6. Er stand in letztem Ressort unter dem höchsten Befehle des Herrn Grafen von Clairfait.

7. Seine Excellenz, der Herr Graf von Clairfait sind also unbedenklich befugt, falls sie die Uebergabe missbilligen, den Herrn Grafen von Oberndorf, wo sie ihn finden, in Verhaft nehmen, und nach Kriegsgesetzen, wegen seiner Mitwirkung an der Uebergabe von Mannheim, richten zu lassen.

II. Benehmen des Herrn Gouverneurs Baron von Belderbusch und des Festungskommandanten Herrn Duroi.

1. Diese Herren musten einsehen, dass sie die Festung Mannheim nicht als eine Kurpfälzische Stadt, gegen einen Feind ihres Kurfürsten in einem Kriege dieses Fürsten, sondern dass sie selbige als eine deutsche Stadt in einem Reichskriege gegen den Reichsfeind zu vertheidigen hatten.

2. Sie musten einsehen, dass sie in der Vertheidigung dieses Platzes nicht des Herrn Kurfürsten Durchlaucht, sondern dem gesammten deutschen Reiche und dessen Souverain verantwortlich waren.

3. Sie musten einsehen, dass sie in allem, was die Vertheidigung dieses Platzes gegen den Reichsfeind betraf, unter dem höchsten und alleinigen Befehle des Herrn Grafen von Clairfait Excellenz standen.

4. Besorgten sie, dass ihre in Friedenszeiten stattfindende Unterthänigkeitspflichten gegen ihren Landesherrn den durchlauchtigsten Herrn Kurfürsten von der Pfalz, und ihre fortdauernde rechtmässige Anhänglichkeit an diesem ihren Herrn, in Kollision kommen könnten mit den Pflichten, die ihnen in Absicht der Vertheidigung Mannheims oblagen, und welche Pflichten gegen ihren höhern allgemeinen deutschen Souverain waren; so musten sie solches ihrem Kurfürsten getreulich einberichten; ihm vorstellen, dass die Vertheidigung einer deutschen Stadt in einem Reichskriege ihnen unmöglich mache, andere als die höchsten Befehle des Oberbefehlshabers des Reichskrieges zu respektiren; und dass sie, wenn dieser Grundsatz irgend Seiner

Kurfürstlichen Durchlaucht bedenklich scheinen möchte, lieber um ihre Abrufung aus Mannheim bitten müssten.

Die Herren, um eben so gegen ihren höchsten Souverain völlig offen und redlich zu handeln, mussten ihre Bedenklichkeit gleichfalls Sr. Excellenz dem Herrn Grafen von Clairfait einberichten, und seiner Weisheit überlassen, ob er fernerhin ihnen die Vertheidigung Mannheims anzuvertrauen gutfinden werde, und was er alsdann wegen ihrer Entbindung von allen Kurfürstlichen Befehlen während der Zeit, dass Mannheim im Kriegsstande seyn werde, zu erlassen belieben wolle.

5, Thaten die Herren das nicht, und blieben in Mannheim, und behielten da das Kommando, so unterwarfen sie sich stillschweigend den Pflichten der deutschen Befehlshaber deutscher Festungen während eines Reichskrieges; sie unterwarfen sich der ausschliesslichen Verantwortlichkeit gegen den höchsten Souverain des gesammten Deutschlands.

6. Mannheim war geständlich nicht von der Reichsarmee abgeschnitten. Die Herren konnten es also dem Feinde nicht ohne Anfrage bey dem Oberbefehlshaber des Krieges übergeben.

7. Da sie diese Anfrage nicht erlassen, da sie keine Erlaubniss des Herrn Grafen von Clairfait zur Uebergabe aufzuweisen haben, so haben sie sich dem Reiche dadurch verantwortlich gemacht.

8. Die Entscheidung über sie und ihr Betragen in der Vertheidigung Mannheims, die Billigung oder Bestrafung ihrer Kapitulation gehört für ein von Sr. Excellenz, dem Herrn Grafen von Clairfait, niederzusetzendes Kriegsrecht.

III. Ueber die Kapitulation selbst.

Die Kapitulation hat vier Theile: die französischer Seits vorgeschlagenen Kapitulationspunkte; die Antwort der Festungsbefehlshaber auf diese Punkte; die von diesen Befehlshabern zu den französischen Kapitulationsvorschlägen gemachte Zusatzartikel; und die französische Erklärung auf diese Zusatzartikel.

In den französischen Artikeln fällt in dem ersten auf, dass die Franzosen weder Brücken noch Pontons hatten, über den Rhein zu kommen, und sich selbige durch diesen ersten Artikel von den pfälzischen Befehlshabern erst verschaften mussten. Dieser Umstand verdient eine besondere Aufmerksamkeit des Kriegsrechts über die pfälzischen Befehlshaber.

Im zweyten Artikel ist abgemacht, dass von den Arsenälen und Kriegsvorräthen der Festung Inventare aufgenommen werden sollen, um sich beym allgemeinen Frieden zu überzeugen, dass die Festung in dem nämlichen Zustande von den Franzogen wieder abgegeben werde, wie sie von ihnen übernommen worden.

Dieser Artikel ist ein thörigter Artikel. Die Herrn Kapitulanten konnten vorher begriffen, dass der Oberbefehlshaber des Reishskrieges einen zu Vertheidigung des Reichs so wichtigen Ort als Mannheim, nicht in den Händen des Feindes lassen würde, dass also die Uebergabe Mannheims an den Reichsfeind, eine Belagerung Mannheims durch die Vertheidiger des Reichs nach sich ziehen müsse. Wenn diese Belagerung erfolgen, wenn Mannheim wieder erobert werden wird, ist natürlich alles, womit die Franzosen sich im Besitze Mannheims vertheidigt haben werden, eine Beute der Sieger, und das von pfälzischen Truppen verlassene Mannheim eine Eroberung des gesammten teutschen Reichs. Wie werden es denn die Herren Kapitulanten machen, diesen Artikel wegen Wiedergabe aller vorgefundenen Kriegsvorräthe von den Franzosen erfüllt zu bekommen? Die Weisheit des Herrn von Oberndorf wird hier in grosse Verlegenheit kommen. Allein die äusserste Thorheit dieses Artikels abgerechnet, so enthält er einen andern Umstand, der den Herren Kapitulanten äusserst schwer fallen kann. Aus den Inventarien die hier stipulirt sind, welche zeitig genug dem Oberbefehlshaber des Reichskrieges in die Hände fallen werden, deren Zuverlässigkeit strenge wird untersucht werden, muss sich künftig klar ergeben: ob Mannheim aus Gründen der Noth, die mit Grundsätzen der Ehre vereinbarlich sind, oder aus Verrath gegen Deutschland und aus Feigheit, dem Reichsfeinde übergeben ist?

Von den Zusatzartikeln ist der erste ein schändlicher entehrender Artikel. Die pfälzischen Truppen sollen überall laufen, wo sich der Reichsfeind wird sehen lassen. O Teutsche! so tief seyd ihr gesunken, dass ihr nicht mehr zu fühlen Kraft habt, dass es mehr Ehre sey der grossen einigen teutschen Nation, als den kleinen Völkern von Pfälzern, Hessen, Hannoveranern und so weiter anzugehören. Pfälzer versprechen, sie versprechen, ja sie versprechen vor dem Reichsfeinde zu lauffen! Diese Schande der Pfälzer wird nicht untergehen wie die Schande der Römer bey den Caudinischen Pässen.

Der zweyte Zusatzartikel ist so lächerlich, als der bekannte Brief den der preussische Minister Herr von Hardenberg den 11. Julius dieses Jahres an den französischen General Pichegrü schrieb. Hardenberg schrieb: Ich reise nach Basel fürs deutsche Reich in corpore das Friedensgeschäfte zu eröffnen, halten sie doch ohne Befehl ihrer Obern gleich mit dem Kriege ein! Herr von Oberndorf sagt hier im zweyten Zusatzartikel eben so lächerlich zum Herr Pichegrü: lassen sie uns diese Kapitulation auf die Operationen der Jourdanschen von ihren Befehlen unabhängigen Armee mit richten!

Verzeichnis der Kriegsvorräthe, welche die Franzosen in Mannheim gefunden haben.

(Aus französischen öffentlichen Blättern genommen.)

154 Belagerungsstücke.
107 Feldstücke.
130 Mörser.
80 Haubizzen.
345,600 Pfund Pulver.
691,309 Flintensteine.
122,502 Kugeln.
5,360 Bomben.
2,740 Haubizgranaten.
43,000 Granaten.
140,542 Kugeln von geschlagenem Eisen.
3,955 Scharfe Patronen.
174 Rüstungen.
700 Infanteriesäbel.

1,790 Kavalleriesäbel.
5,870 Patrontaschen mit Bandelieren.
2,085 Infanterie Gewehrgehänge.
800 Kavallerie Degengehänge.
300 Hellebarden.

* * *

5,000 Zentner Roggenmehl.
25 Säcke Haber.
150 Zentner Heu.

Erklärung, welche die Kurpfalzbaierische Komitialgesandschaft in Circulo bey dem Reichsrathe den 29 September 1795 wegen der Uebergabe von Mannheim abgegeben hat.

Regensburg, den 29 September.

Von Ihro Kurfürstlichen Durchlaucht ist treugegehorsamste Gesandschaft ausdrücklich angewiesen, dem versammelten Reiche die Anzeige zu machen, dass, nachdem die Französischen Kriegsvölker auf das rechte Rheinufer vorgerückt wären, und dadurch die für die Stadt und Festung Mannheim im vorigen Jahre mit der Französischen Generalität stipulirte Aussetzung der Feindseligkeiten und Beschiessung zu Ende gegangen sey; man sich in die Nothwendigkeit versetzt gesehen habe, den wiederholten Aufforderungen des Französischen kommandirenden Generals, welche mit einer leicht auszufüllenden Bedrohung eines Bombardements begleitet waren, nachzugeben, und durch Ueberlassung der Stadt und Festung Mannheim unter einer honorablen Kapitulation den gänzlichen Ruin derselben und sämmtlicher dieffeitiger Kurfürstlichen Lande abzuwenden, da derselbe auf irgend eine andere Art um so weniger zu vermeiden gewesen, als der ungehinderte Uebergang der Französischen Völker über den Rhein unterhalb Mannheim, der Abzug der in der Nähe gewesenen Kaiserlichen und Reichstruppen, und der Auszug der Kaiserlichen Artillerie aus der Festung Mannheim keine hinlängliche Vertheidigungsmittel übrig gelassen haben. — Man wiederhole daher die am 18 dieses zu Protocoll gegebene Aeusserung wegen schleunigster Beförderung des Friedens um so dringender, als die Gefahr mit jedem Tage zunimmt, und Ihro Kurfürstliche Durchlaucht bey diesem neuen Vorfalle kaum im Stande gewesen sind, für Höchst Dero Kurpfälzische Lande die einstweilige Einstellung der feindlichen Requisitionen und Verheerungen zu erhalten, welche Ihro Kaiserliche Majestät in Folge des allerunterthänigsten Reichsgutachtens vom dritten Julius vorläufig zu bewirken *) allergnädigst zugesagt haben.

*) Note. Es ward nicht versprochen, sie zu bewirken; nur sie vorzuschlagen. Mehr konnte auch nicht versprochen werden, denn die Bewilligung hieng vom Feinde ab.

Beurtheilung vorstehender Kurpfälzischen Erklärung.

Die vorstehende Erklärung machet dem Reiche die Uebergabe der Festung Mannheim an den Reichsfeind bekannt, sie enthält die angeblichen Beweggründe dieser Uebergabe, und sie gründet auf selbige und die übrige Gefahr der Kurpfälzischen Lande ein Gesuch um Beschleunigung des Friedens.

Diese Erklärung ist erstlich beym Reichstage ganz inkompetent angebracht, und zweytens ist sie eine sehr unglückliche Entschuldigung der Uebergabe Mannheims.

Ich sage, sie gehörte gar nicht an den Reichstag, denn dieser erwartet die ihm vom Fortgange des Krieges nöthige Nachrichten, entweder von der Weisheit des Kaisers, dem in dieser höchsten Würde verfassungsmässig die alleinige Leitung des Krieges zukommt, oder vom Reichsoberfeldherrn; nicht aber von einzelen Reichsständen. Fand der Kurpfälzische Hof für gut, das Betragen der Befehlshaber von Mannheim zu entschuldigen, so mußte das beym Kaiser, oder beym Herrn Grafen von Clairfait geschehen.

Aber wenn wir diesen Fehler auch übersehen, so ist die vorliegende Erklärung, auch als Entschuldigung betrachtet, überaus ungeschickt abgefast, und ein überall verunglückter Aufsatz

Zuförderst erwehnt sie keiner mit dem Reichsoberfeldherrn wegen der Uebergabe Mannheims geschehenen Rücksprache, sie gestehet also zu, dass die Uebergabe ohne dessen Genehmigung, einseitig von den Kurpfälzischen Befehlshabern, mithin unbefugter und ordnungswidriger Weise geschehen ist.

Die Erklärung entschuldigt dieses pflichtwidrige Benehmen durch keine Unmöglichkeit, worinn die Kurpfälzischen Befehlshaber gewesen seyn möchten, mit dem Oberfeldherrn zu korrespondiren. Sie gesteht also zu, dass diese Korrespondenz möglich gewesen ist, und dass sie dennoch unterblieben ist, mithin dass das ordnungs- und pflichtwidriger Weise geschehen ist.

Die Erklärung entschuldigt die Uebergabe durch folgende Anführungen:

1. Dadurch, dass die französischen Heere auf das rechte Rheinufer vorgerückt sind, und dass durch diesen Uebergang über den Rhein die im vori-

gen Jahre, in der Kapitulation wegen der Mannheim gegenüberliegenden Rheinschanze, für die Stadt und Festung Mannheim stipulirte Aussezzung der Feindseligkeiten und der Beschiessung zu Ende gegangen sey.

2. Dass es nothwendig gewesen sey, den wiederholten Aufforderungen des französischen kommandirenden Generals, welche mit einer leicht auszuführenden Bedrohung eines Bombardements begleitet gewesen, nachzugeben.

3. Dass man genöthigt gewesen, durch Ueberlassung der Stadt und Festung Mannheim unter einer honorablen Kapitulation, den gänzlichen Ruin dieser Stadt und sämmtlicher diesseitiger Kurfürstlichen Länder abzuwenden.

4. Dass diese Ueberlassung der Festung Mannheim auf keine andere Art um so weniger zu vermeiden gewesen sey, als der ungehinderte Uebergang der fra zösischen Völker über den Rhein unterhalb Mannheim, der Abzug der Kaiserlichen und Reichstruppen, und der Auszug der Kaiserlichen Artillerie aus der Festung Mannheim keine hinlängliche Vertheidigungsmittel übrig gelassen hätten.

Alle diese Anführungen zur Entschuldigung der Uebergabe von Mannheim sind schon in sich nichtig und unzureichend. Wenn auch die im verwichenen Winter über die Mannheim gegenüberliegende Rheinschanze gemachte Kapitulation die Franzosen nicht weiter hinderte, Mannheim zu beschiessen, was folgt wohl daraus zur Entschuldigung der Uebergabe Mannheims an den Reichsfeind? Wenn hat je das Recht und die Gelegenheit, die ein Feind hat, eine Festung zu beschiessen, Männern von Ehre einen Vorwand gegeben, eine Festung zu übergeben? Festungen sind ja zur Vertheidigung gegen einen sie beschiessenden Feind gebaut.

Der zweyte Grund der Uebergabe, das angedrohete leicht ausführbare Bombardement konnte auch nur bey feigen Befehlshabern ein Grund der Uebergabe seyn.

Der dritte Grund ist von der unbedenklichen Wahl zwischen einer honorablen Kapitulation und dem gänzlichen Ruin der Stadt Mannheim und der disseitigen Kurpfälzischen Länder hergenommen. Darauf ist zu antworten, dass eine Kapitulation, ehe noch ein Schuss auf die Festung gethan ist, nie ehrenvoll seyn kann, dass eine Kapitulation, worinn versprochen ist, dass alle pfälzische Truppen für die Franzosen laufen sollen, nichts weniger als honorable dass sie vielmehr äusserst schimpflich ist.

Sodenn ward hier ein Reichskrieg geführt, in welchem es auf Deutschlands Integritet und Verfassung, und nicht auf Befreyung der Pfalz von den Drangsalen des Krieges ankommt. Es konnte also in dieser allgemeinen Nationalangelegenheit kein particulares Interesse Rücksicht verdienen. Sonst hätten auch Mainz und Ehrenbreitstein, Magdeburg und Spandau den Franzosen die Thore öffnen, und Kapitulationen von dieser honorablen Pfälzischen Art, dem Ruine aller dieser Festungen vorziehen müssen. Wenn man also hier kapitulirte, um Mannheim nicht ruiniren zu lassen, so kapitulirte man aus einem sehr ungereimten Grunde, dann Festungen müssen sich selbst dann noch vertheidigen, wenn der Ort, den sie beschützen, schon in einen Schutthaufen verwandelt ist. Dazu werden sie erbaut.

Allein dieser Zweck Mannheims Ruin abzuwenden ward auch durch die Kapitulation gar nicht erreicht, vielmehr geradehin verhindert. Man konnte vorhersehen, dass der Reichsoberfeldherr diesen wichtigen Platz unmöglich in Feindeshänden lassen dürfe, dass er also die Franzosen darin anzugreifen, und wenn sie ihn nicht gutwillig räumten, sie, darin zu belagern verpflichtet sey. In dieser Belagerung ward alsdann Mannheim nicht von Freunden vertheidigt, denen die Schonung des Ortes, so weit sie mit den Kriegszwecken vereinbarlich war, am Herzen lag; sondern von Feinden, denen dieser Ort, den sie nur während des Feldzuges diesseits des Rheins behaupten wollten, gleichgültig seyn muss, und die ihn, sobald ihre Besiegung in diesem Orte sie in die ihnen eigene barbarische Wuth versetzen wird, nicht nur nicht schonen, sondern selbst zerstören werden.

Der vierte angeführte Grund liegt darinn, dass keine hinlängliche Vertheidigungsmittel vorhanden gewesen wären. Dieser Grund gehört zwar nicht zur Kompetenz eines Schriftstellers, sondern zur Kompetenz des Kriegsrechts, das die Herrn von Oberndorf, von Belderbusch und Duroi richten wird. Indessen fällt doch auch das, was hier von fehlenden Vertheidigungsmitteln geredet wird, als übelausgedrückt auf. Zu den Vertheidigungsmitteln einer Festung gehört Geschütz, Pulver, Eisen, Bley, Menschen und Lebensmittel von allen Arten. Hier heist es, der ungehinderte Uebergang der Franzosen über den Rhein, habe Mannheim Vertheidigungsmittel entzogen. Die Franzosen giengen nicht unter Mannheim, sondern weit unter Mainz und Ehrenbreitstein über den Rhein, aber die tapfern Kommandanten dieser tiefer liegenden Festungen erschracken nicht davor. Es heist weiter: der Abzug der Kaiserlichen und Reichstruppen habe Mannheim Vertheidigungsmittel entzogen. Um diese Entschuldigung passend zu machen, musste man anführen, dass die Macht, welche Mannheim angriff, stärker war, als die zur Vertheidigung vorhandene: es musste das in öffentlichen Blättern befindliche Gerücht, dass zur Zeit der Kapitulation nur siebenzig Franzosen vor Mannheim gewesen wären, widerlegt werden; es musste angeführt werden, wie viel Truppen zur Vertheidigung Mannheim nach Abzug der Kaiserlichen und Reichstruppen übrig geblieben waren; warum diese zurückgebliebene Truppen nicht hinreichend gewesen sind; und ob und wie dem Reichsoberfeldherrn davon Anzeige geschehen ist; denn wenn auch nur drey Mann Besatzung in Mannheim waren, so mussten sie nicht ohne Erlaubniss des Reichsoberfeldherrn kapituliren. Es heist noch, der Auszug der Kaiserlichen Artillerie aus Mannheim habe Vertheidigungsmittel entzogen, allein das oben, Seite 52, befindliche Verzeichniss der von den Franzosen in Mannheim vorgefundenen Vorräthe an Geschütz und Munition beweiset, dass gar kein Mangel weder an Kanonen aller Art, noch an Pulver und Kugeln gewesen ist, und womit vertheidigen die Franzosen jetzt Mannheim gegen den Grafen Wurmser, als mit derselben Artillerie die sie in Mannheim vorgefunden haben? Und würde dieser kaiserliche Feldherr wohl dem jetzigen französischen Kommandanten, ohne seiner zu spotten, eine honorable Kapitulation vorschlagen können, worinn verlangt würde, die Besazzung solle weiter laufen, sobald sie Oesterreicher sähe? Oder würde der jetzige französische Kommandant von Mannheim, wohl je solch eine honorable Kapitulation unterzeichnen?

Alle diese so klare Gründe lassen kein Bedenken darüber, dass die von der Kurpfälzischen Komitialgesandschaft abgegebene Vertheidigung der Uebergabe Mannheims völlig unzureichend und zweckwidrig gerathen ist. Eben so inkonsequent wird am Ende dieser nichts entschuldigenden Entschuldigung auf Beschleunigung des allgemeinen Friedens angetragen. Frieden ist leicht gemacht, wenn das deutsche Reich mit solch einem Frieden zufrieden seyn will, als Karthago nach dem zweyten punischen Kriege mit Rom machte. Da aber das deutsche Reich mit Beystimmung Sr. Durchlaucht, des Herrn Kurfürsten von der Pfalz, beschlossen hat, einen anständigen, Deutschlands Integritet und Konstitution sichernden Frieden zu beabsichtigen, Frankreich dagegen so eben Dekrete gemacht hat, die dieser Absicht gerade entgegenstehen, und wodurch grosse Theile Deutschlands, der neuen auf einem stürmischen Meere schwimmenden Republik Frankreich einverleibt werden; so fällt in die Augen, dass Frankreich und Deutschland in Absicht des Friedens noch weit von einander entfernt sind.

Es fällt ferner in die Augen, dass jeder Fortschritt der Franzosen in Deutschland, sie in ihrem Vorhaben, Deutschland zu verkleinern, hartnäkkiger machen, mithin den Frieden entfernen muss. Wenn die Deutschen einen ehrenvollen Frieden haben wollen, müssen sie die Franzosen schlagen, und nicht für sie laufen. Mannheims Uebergabe hat also nothwendig den Frieden entfernt.

Gegenerklärung der Königlichen Kurböhmischen Komitialgesandschaft in Circulo beym Reichsrathe, vom 12. October 1795.

Auf die von der Kurpfälzischen Gesandschaft unterm 29. Sept. zur Entschuldigung der schnellen Uebergabe der Stadt und Festung Mannheim an den Reichsfeind bey dem versammelten Reiche abgelegte Erklärung, ist treugehorsamste Gesandschaft allergnädigst angewiesen worden, sich vor der Hand (da der Beurtheilung der unpartheiischen Welt, der Hergang der Sache, und die dabey obgewalteten Umstände ohnehin nicht entgehen werden) auf folgende Gegenäusserung zu beschränken.

Das wenige Geschütz, welches zu Kriegsoperationen von einer andern Seite aus Mannheim gezogen worden, sollte nach der von dem Kommandirenden alsobald getroffenen Verfügung durch einen andern hinreichenden Artillerietransport von der Armeereserve ersetzt werden, und war schon auf dem Glacis vor der Festung angekommen, als von dem Kurpfälzischen Kommandanten dasselbe ganz entbehrlich erklärt wurde, weil das

Gouvernement mittlerweile aus seinem eigenen Vorrathe so viel Geschütz und Munition beygebracht hätte, als zur Vertheidigung der Festung erforderlich sey. Mit dieser Ursache des abgelehnten Wiederersatzes des abgegangenen wenigen Geschüzzes muste das Kaiserliche und Reichsgeneralkommando sich um so mehr beruhigen, da von dem Kurpfälzischen Hofe mehrmals und ernstlich versichert, und schriftlich angetragen worden, dass, wenn die Kaiserl. königl. Truppen mit ihrem Geschütz aus Mannheim abgezogen wären, die Festung von dem Feinde keinen Angriff zu besorgen hätte; eine Versicherung, welcher die seit vielen Monaten zwischen dem Kurpfälzischen Gouvernement, und den feindlichen Generälen bestandene stille Unterhandlungen alle Wahrscheinlichkeit beylegten. So auffallend es demnach ist, unter den Ursachen der Uebergabe der Festung diesen unschädlichen Abzug einiger Artilleriestücke angeführt zu sehen, so allgemein bekannt ist es ferner, dass es dem Platze an keinem Mittel zur Vertheidigung gefehlt habe, welches der kurpfälzische Hof mehrmals versichert, und der Gouverneur der Festung in dem an den feindlichen General, wegen ihrer Uebergebung am 19.

des verwichenen, erlassenen Schreiben mit vollester Zuversicht behauptet hatte. Es ist nicht minder unbestrittene Thatsache, dass bey dem ersten Anscheine von Gefahr, ohne dazu auf irgend eine Weise aufgefordert zu seyn, ein ansehnliches Hülfskorps Kaiserl. Königl. Truppen der Festung zu Hülfe geeilet, und davon früh genug dem Gouvernement die Nachricht gegeben worden sey. Und das gleich darauf erfolgte glückliche Unternehmen bestätiget sattsam, dass dieser beträchtliche Succurs noch zur rechten Zeit angekommen seyn würde, und das vorgewendete Unglück abzuwenden im Stande gewesen wäre, statt dessen Annahme aber die Kapitulation mit einer seltenen Eilfertigkeit beschlossen worden.

Bey diesem für die gemeinsame Sache des Vaterlandes höchst empfindlichen Verluste beruhiget sich der allerhöchste Hof vor Gott und der ganzen Welt mit der redlichen Ueberzeugung, dass die Ueberlassung der Festung Mannheim an den Feind, der einen so wichtigen Platz ohne einen Tropfen Bluts, und ohne ein Korn Pulver erobert zu haben, sich selbst wundert und öffentlich rühmet, nicht einer unglücklichen Kriegsereigniss, sondern jenen einseitigen Maasnehmungen beyzumessen sey, durch welche die Reichskriegsoperationen offenbar gehemmet, und wodurch das einzige Ziel derselben, nämlich die Erwirkung eines billigen, anständigen und allgemeinen Reichsfriedens mehr entfernt, wenigstens gewiss nicht befördert worden ist.

Bemerkung über vorstehende Gegenerklärung.

Diese Gegenerklärung erschöpft den Gegenstand der Uebergabe von Mannheim nicht. Sie schränkt sich ein auf eine vorläufige Gegenäusserung, zu Beantwortung der in der Kurpfälzischen Erklärung enthaltenen Entschuldigung der Uebergabe von Mannheim. Dass diese Gegenerklärung nicht alles enthält, was über die Uebergabe Mannheims an den Reichsfeind zu sagen ist, geschiehet, wie der Herr Gesandte sagt, auf allerhöchsten Befehl Sr. Majestät bes Königs und Kurfürsten von Böhmen, und beweiset die grosse Mässigung und Grosmuth des Reichsoberhauptes, welches in dieser oberhauptlichen Qualität den Vorfall der Uebergabe von Mannheim noch ganz mit oberhauptlichem Stillschweigen übergeht, und lieber durch eine von ihm, als Könige und Kurfürsten von Böhmen abgegebene Gegenerklärung, die Reichsversammlung von dem Ungrunde der Kurpfälzischen Information belehren, als dasjenige ausdrücken will, was der gerechte Unwille eines Kaisers und allerhöchsten Befehlshabers des Reichskrieges über diesen Vorfall zu sagen hätte. Wir wiederholen hier, was wir schon oben bemerkt haben, diese ganze Sache gehört nicht an den Reichstag, sie gehört an ein von des Herrn Generalfeldmarschalls, Grafen von Clairfait Excellenz, zu ernennendes Kriegsrecht. Der König und Kurfürst von Böhmen hatte in dieser Angelegenheit gar keine Verbindlichkeit zu reden. Die Erklärung des Gesandten dieses Reichsstandes ist also eine blosse Information, die freywillig mitgetheilt wird, und weiter keine Konsequenz haben darf.

Sr. Majestät der Kaiser sind der alleinige höchste Richter dieses Vorfalls. Denn ihnen allein kompetirt die ausschliessliche alleinige Leitung eines Reichskrieges. Seine Majestät sind unbedenklich befugt, während eines Krieges jeden Deutschen, der gegen das Reich handelt, nach Kriegsgesetzen richten zu lassen. Und wir behaupten mit fester Ueberzeugung, dass Se. Majestät der Kaiser, während eines Reichskrieges, unbedenklich befugt ist, selbst den mächtigsten Reichsfürsten, der zum Reichsfeinde übergehet, oder mit ihm Einverständnisse unterhält, durch ein Kriegsrecht ohne Kommunikation mit dem Reichstage zu richten. Wir werden diesen erheblichen Satz des ehesten in einer besondern Abhandlung beweisen, und um dabey völlig offen und patriotisch zu Werke zu gehen, werden wir auf dem Titelblatte unserer künftigen Abhandlung, so wie es auf dem der gegenwärtigen geschehen ist, verdiente, durch Schriften bekannte Staatsrechtslehrer öffentlich auffordern, unsere Sätze zu prüfen.

Aus diesen Gründen halten wir uns bey der inkompetenten Kurböhmischen Gegenerklärung nur als bey einer historischen Gegeninformation auf, und führen daraus folgende darin behauptete Thatsachen als erheblich an:

1. Es hat nicht in der Festung Mannheim an Geschütz zur Vertheidigung gefehlt, denn Geschütz von der Kaiserlichen und Reichsarmee, das schon auf dem Glacis vor der Festung angekommen war, hat der Mannheimische Kommandant als entbehrlich zurückgeschickt. Der Gouverneur hat erklärt, dass er hinreichend mit Geschütz und Munition zur Vertheidigung versehen sey.

2. Es hat an keinem andern Vertheidigungsmittel gefehlt. Dies hat der Kurpfälzische Hof mehrmalen versichert, dies hat der Gouverneur der Festung in seinem Schreiben vom 19. Sept. an den feindlichen General zuversichtlich behauptet.
3. Man hat den Reichsoberfeldherrn wegen der Vertheidigung Mannheims hintergangen. Man hat ihn inducirt. Man hat sich gerühmt, dass der Reichsfeind nichts gegen Mannheim unternehmen würde, wenn die Kaiserlichen Truppen sich herauszögen.
4. Man hat vorsetzlich Mannheim dem Reichsfeinde in die Hände gespielt. Denn als der Mannheimische Gouverneur die Nachricht erhielt, dass derjenige Suckurs, der drey Tage nach der Uebergabe die Franzosen zwischen Heidelberg und Mannheim schlug, in der Nähe sey, beschleunigte er die Kapitulation, um diesem Suckurse zuvorzukommen.

Auszug aus dem officiellen Tagebuche der Operationen der Armee unter den Befehlen des Herrn Grafen von Clairfait.

(Dieses Tagebuch findet sich im Journal de Frankfurt, und in fast allen deutschen Zeitungen.)

Ihre Fragen und Gedanken über den Rückzug des Feldmarschalls Grafen von Clairfait, habe ich nicht früher beantworten können, weil ich in meiner Antwort das Geheimnis hätte verrathen müssen, das allein die Maasregeln erklären konnte, die allen denen zweydeutig vorkamen, welche von ferne und nach dem Scheine urtheilen. Dass die Zukunft den Feldmarschall rechtfertigen würde, sah ich vorher, aber erst heute, da sein Benehmen kein Geheimnis mehr ist, kann ich es berichten, und jetzt wird durch die Beweggründe die ihn geleitet haben, der Glanz seiner Standhaftigkeit im Unglück und seiner Weisheit in glücklichen Erfolgen nur noch mehr erhöhet. Die blosse Erzählung der Begebenheiten wird alle weitere Antwort seyn.

Es ist bekannt, dass Jourdan ohne auf den Basler Traktat, und das zwischen dem Könige von Preussen und den Franzosen verabredete Demarkationssystem Rücksicht zu nehmen, und ohnerachtet so vieler uns gegebenen Versicherungen des Gegentheils, dennoch seine Armee auf einem von den Franzosen selbst für neutral erklärten Gebiete, über den Rhein führte. Die Armee des Feldmarschalls musste mit der Oberrheinischen in Verbindung bleiben, um ihre Unternehmungen unterstützen zu können. Sie hatte die Linie von Cappel bis Angebach zu vertheidigen. Alle diese Zwecke wurden durch den Uebergang der Franzosen unterhalb der Armee, und innerhalb der Demarkationslinie unsicher gemacht, besonders konnte der rechte Flügel der Armee des Marschalls, welcher an die Demarkationslinie stiess, an nichts gelehnt werden, und sah sich daher sogleich zurückzuweichen genöthigt. Mit vielen Schwierigkeiten zog der Feldmarschall die einzelnen Abtheilungen seiner Truppen zusammen, versammelte so hinter der Lahn eine kleine unzureichende Armee von dreissig tausend Mann, worunter zwanzig tausend Oesterreicher waren. Dies kleine Heer ward durch die Diversion, womit der Feind durch seinen Marsch auf Weilburg und Wezlar den obern Main bedrohete, umgangen. Also nur in der Ebene von Frankfurt liess sich eine Schlacht geben, oder annehmen, und da war es, wo der Feldmarschall die Französische Armee ohnerachtet ihrer sehr grossen Ueberlegenheit erwarten wollte. Die unerwartete Uebergabe Mannheims, und die Gefahr die daraus für Heidelberg erwuchs, vereitelten nochmals seine Plane, und die Gefahr ward um so grösser, da Pichegrü Schwaben, und Jourdan Aschaffenburg bedrohten.

Heidelberg, die grosse Niederlage unserer Armeen war von schwachen Truppenabtheilungen bedekt, weil wir auf den Schutz gerechnet hatten, den ihm Mannheim gab; hätten wir diese Magazine verlohren, so wären alle unsere Unternehmungen durch gänzlichen Mangel aller Mittel gelähmet worden, unsere Armeen hätten sich zurückziehen, und Maynz und Ehrenbreitstein ihrer eigenen Vertheidigung überlassen müssen. Die Pässe von Heidelberg, Wiesloch und Weinheim öffneten dem Pichegrü den Weg zu unserer grossen Artillerie, überhaupt erweckte die Besorgnis des Verlustes von Heidelberg die grösste Unruhe für den ganzen Feldzug. Es war daher äusserst dringend, dass der Feldmarschall dem General Quosdanovich, der am Nekker kommandirte, zu Hülfe eilte, und Heidelberg rettete. So ward der Feldmarschall bewogen über den Mayn zurückzugehen, und nur ein Korps bey Aschaffenburg zurückzulassen, das die Bewegungen der Jourdanschen Armee zu beobachten hatte.

Von Darmstadt marschirte der Feldmarschall sogleich nach Weinheim, um die beabsichtete Unternehmungen dadurch vorzubereiten, dass er den Platz rettete, auf den alles ankam, wobey er sich vorgenommen hatte, wenn es seyn müsse, dem Pichegrü an beyden Ufern des Neckers eine Schlacht zu liefern. Wenn das glücklich vollbracht war, wollte er wieder über den Mayn vorrücken. Der Sieg des Generals Quosdanovich kam dem Feldmarschall zuvor, und gab ihm Zeit und Mittel beträchtliche Abtheilungen, wodurch er den Posten von Heidelberg verstärkt hatte, an sich zu ziehen. Nächstdem gieng der Feldmarschall seinem ersten Plane zufolge wieder über den Mayn, um den Jourdan eine Schlacht zu liefern. Hätte dieser den schnellen Rückzug, wozu ihn unsere Manövers unwiderstehlich zwangen, nur zwey Tage aufgeschoben, so ward seine ganze Armee aufgerieben.

Dieser dem Feinde abgedrungene Rückzug ist um so wichtiger, da Maynz und Ehrenbreitstein dadurch entsetzt wurden, und Deutschland dadurch von den schrecklichen Vorsätzen gerettet ward, welche die Franzosen vom 14 October ab ausführen wollten. Von diesem Tage ab erklärten die Französischen Armeen das Demarkations und Neutralitätssystem für nichtig, kündigten an, dass sie überall, wo sie es gut finden möchten, Gewalt üben würden, und bedroheten so das deutsche Reich mit unabsehbaren Plagen und allem erdenklichen Elende.

So fällt die Wichtigkeit unserer Manöver und die Pünktlichkeit, womit sie berechnet waren, von selbst in die Augen. Man darf nur unsere Märsche mit dem Rückzuge des Feindes vergleichen, um sich von der Genauigkeit unserer Maasregeln zu überzeugen. Der Feldmarschall Graf Clairfait setzt seinen Ruhm darin, so wichtige Siege ohne beträchtliche Menschenopfer errungen zu haben. Die glänzenden Erfolge seiner Unternehmungen, und die durch sie bewirkte Rettung Deutschlands von seinem völligen Untergange, sind die schönste Rechtfertigung dieses Feldherrn.

Rechtliches Gutachten die Uebergabe von Mannheim betreffend.

Das ämtliche Tagebuch der Armee unter den Befehlen des Herrn Grafen von Clairfait Exzellenz beweiset:

1. Dass die Uebergabe Mannheims ohne Vorwissen und Erlaubniss Sr. Excellenz geschehen ist.

2. Dass sie von den nachtheilichsten Folgen für den ganzen Operationsplan war; dass sie Se. Excellenz ohne die Tapferkeit der Truppen unter dem General Quosdanovich in die gröste Verlegenheit gesetzt haben würde, und dass alsdann ganz Deutschland die Folgen dieser Uebergabe hätte fühlen müssen.

Se. Excellenz der Herr Graf von Clairfait, das ist unser rechtliches Gutachten sind es ihren Pflichten als Reichsoberfeldherr, sind es ihrer Ehre, sind es um der gefährlichen Folgen eines solchen Beyspiels halben, sind es der Erhaltung des ganzen teutschen Reichs schuldig: über diejenigen Personen, welche Mannheim dem Reichsfeinde übergeben, und die Kapitulation deshalb unterzeichnet haben, kraft habender feldherrlicher Macht, und ohne alle Kommunikation mit dem Reiche, Kriegsrecht halten, dazu jene Personen nemlich, den Minister Herrn Grafen von Oberndorf, den Gouverneur Herrn Baron von Belderbusch, und den Kommanten Herrn Duroi nach Kriegsgebrauch vorladen, und wenn sie nicht erscheinen, über sie in Contumaciam sprechen, und das Erkenntnis und dessen Vollziehung, so öffentlich, als es die Kapitulation von Mannheim ist, machen zu lassen.